Detlef B. Fischer

Pranayama

Atem-Yoga für Einsteiger

© 2021
Herstellung und Verlag:
BoD – Books on Demand, Norderstedt
ISBN: 978-3-7534-8070-1

Einleitung

In diesem Buch sollen die Grundzüge des Atem-Yoga (*Pranayama*) und die der buddhistischen Atemlehre (*Anapanasati*) dargelegt werden. Es kam mir beim Verfassen des Textes darauf an, dieses Thema auf das Wesentliche beschränkt zu beschreiben. Nicht jeder, der sich für yogische Atemtechniken interessiert, möchte gleich sehr tief in die Materie einsteigen. Viele Menschen suchen nach einfach auszuführenden Übungen, die ihnen jederzeit im Alltag zur Verfügung stehen. Es geht hier um Atemtechniken, die leicht einzustudieren sind, und die dennoch eine heilsame und beruhigende Wirkung auf Körper und Geist ausüben.

Der indische Yoga-Pfad, der auch höhere Yogastufen umfasst, wird auch kurz dargestellt, aber der Schwerpunkt dieses Buches liegt auf dem Aspekt der Yoga-Atmung, dem Pranayama.

Im zweiten Teil des Buches, Anapanasati, findet sich eine Darstellung der Meditation und der Atemtechniken der Buddhisten. Die buddhistische Atmungstechnik unterscheidet sich deutlich von den yogischen Atemmethoden. Körperliche Übungen, wie die Asanas, die im Yoga üblich sind, werden von den Buddhisten nicht geübt. Die buddhistischen Atemtechniken werden in der klassischen

Meditationshaltung, dem Lotussitz oder dem Diamantsitz, trainiert. Es geht bei diesen Übungen vor allem um Verfeinerungen des Atemvorgangs und um stetige Wachsamkeit gegenüber dem ein- und ausströmen der Atemluft.

Die Buddhisten arbeiten auch weniger mit der menschlichen Vorstellungskraft, aber der Aspekt der Achtsamkeit ist beiden Wegen gemeinsam.

Inhaltsverzeichnis

Pranayama - Grundlagen des Yoga …. S. 8

Über die Lebensführung …. S. 12

Die Yoga-Atmung …. S.17

Die Lehre vom Prana …. S. 19

Der individuelle Atem …. S. 23

Der rhythmische Atem …. S. 25

Der dynamische Atem …. S. 28

Atem ist Leben …. S. 33

Kundalini Yoga …. S. 35

Raja Yoga …. S. 39

Anapanasati - Die buddhistische Atemlehre …. S. 42

Wanderung durch den Körper …. S. 51

Glossar …. S. 54

Über den Autor …. S. 63

Pranayama

Grundlagen des Yoga

Yoga ist Jahrtausende altes Wissen um die Fähigkeit des Menschen, sich immer weiter zu entwickeln und dem Absoluten, der Gottheit, nahe zu kommen. Wenn der Yoga auch erstmals etwa zwei Jahrhunderte vor unserer Zeitrechnung in den Sutras des Weisen Patanjali niedergeschrieben wurde, so scheint doch festzustehen, dass Yoga den arischen Völkern, die, über das Industal kommend, Indien eroberten, weit früher bekannt war. Heute ist die Yogalehre im indischen Hinduismus, dem tibetischen Buddhismus, dem Buddhismus Sri Lankas und auch im ferneren Osten Asiens verbreitet.

In westlichen Ländern wird mit dem Begriff Yoga in der Regel nur das Hatha-Yoga bezeichnet. Hatha-Yoga, der Yoga der Körperbeherrschung, ist aber nur eine von vielen Formen der Yogaausübung. In Asien sehr verbreitet ist auch der Yoga der uneingeschränkten Gottesliebe, Bhakti-Yoga. Die Anhänger des Karma-Yoga machen keine speziellen körperlichen oder geistigen Übungen, sondern widmen sich vor allem Taten der Nächstenliebe. Jnana-Yoga wiederum ist der Yoga der Gelehrten. Wissen und der Erwerb von Weisheit stehen hier im Vordergrund. An der Spitze des Yogasystems steht Raja-Yoga, der königliche Yoga.

Die Wege oder Margas zu Raja-Yoga, dem höchsten Wissen, sind:

1. Hatha – Übung der Willenskraft
2. Bhakti – Übung der Gottesliebe
3. Karma – Übung der tätigen Nächstenliebe
4. Jnana – Übung der Weisheit

Der Weg zur Weisheit ist weit und kann in diesem kleinen Buch kaum erschöpfend beschrieben, sondern höchstens angedeutet werden. Es ist aber möglich, Hatha-Yoga, die Eingangspforte der Yogalehre zu beschreiben und jene körperlichen Übungen zu zeigen, die unerlässlich sind, um bis zu den geistigen zu gelangen.

Hatha-Yoga ist die volkstümliche Form des Yoga und jene, die in den westlichen Ländern am meisten populär ist. Sie zielt auf die vollkommene Beherrschung des Körpers und auf die Kontrolle des Muskel- und Nervensystems hin. Im Grunde besteht der Hauptzweck des Hatha-Yoga darin, den Schüler auf eine höhere geistige Entwicklung vorzubereiten. In Europa jedoch ist die Übung des Hatha-Yoga bereits das Hauptziel der Yogalehre schlechthin. Den Menschen des Westens genügt es, durch die Yogaübungen Gesundheit, Ruhe und Selbstbeherrschung zu erlangen. Die höheren Yogastufen sind noch nicht so bekannt und werden nur von Wenigen praktiziert.

Die höheren Yogastufen sind:

Bhakti-Yoga bedeutet die vollkommene Hingabe und Liebe zu Gott. Der Bhakti Yogi sieht den göttlichen Gegenstand seiner Liebe so klar vor sich, dass er nie von ihm getrennt ist. Bhakti-Yoga, der Yoga der unbedingten Gottesliebe ist den Menschen des Westens im Grunde nicht fremd. In den Klöstern Europas und Amerikas leben fromme Mönche und Nonnen, die sich auf die Gestalt des Jesus Christus als den Gegenstand ihrer innigen Liebe konzentrieren.

Karma-Yoga ist die Lehre von der guten Tat und bedeutet die ständige aufopfernde Arbeit für andere, ohne einen Gedanken an Belohnung, Lob oder Tadel zu verschwenden. Die Idee des Karma-Yoga wird die Menschen des Westens mühelos ansprechen, da sie der christlichen Lehre von der Nächstenliebe sehr nahe kommt. Wenn Christen aufmerksam im Neuen Testament lesen, so finden sie dort das Karma-Yoga, wie Christus es lehrt. Den Armen helfen und ihnen nicht nur vom Überfluss geben, sondern auch von dem Wenigen, das man selber besitzt; die Kranken pflegen und die Unwissenden belehren, das sind die Wege der Seligkeit. Viele der großen Heiligen sind mehr durch ein tätiges Leben als durch Gebete zur Heiligkeit gekommen. Wohltätiges Handeln sagt weitaus mehr Menschen zu als die religiöse Einkehr, aber beide Wege führen zu Gott.

Jnana-Yoga führt zur Gottheit durch den Erwerb von Wissen, durch geistige Arbeit und durch das Verständnis aller Erscheinungen. Jnana-Yoga führt auf dem Wege der Gelehrsamkeit zu höchster Weisheit.

Raja-Yoga, der königliche Yoga, schließlich umfasst das Wissen aller Yogalehren. Der Raja-Yogi hat Samadhi, die vollkommene Seligkeit, erreicht. Samadhi ist das höchste Wissen, das zu erlangen ein ganzes Leben unter der Führung eines geistigen Lehrers (*Guru*) erfordert.

Aber so weit wollen wir zunächst gar nicht gehen. Kehren wir zurück zu den ersten Vorbereitungen, zur Erlernung des Hatha-Yoga, das uns Gesundheit und Ausgeglichenheit schenken wird.

Über die Lebensführung

Der indische Yogi zieht sich zu seinen Übungen in die Einsamkeit eines Waldes zurück. Westliche Yogaschüler haben diese Möglichkeit des Rückzugs meistens nicht. Vor allem wenn sie in Städten leben, sind sie vielfältigen Einflüssen, störenden Geräuschen und nicht selten auch Lärm ausgesetzt. Störende Geräusche sind jedoch unvereinbar mit Konzentration und Meditation.

Der Yogaschüler sollte sich bemühen, einen möglichst ruhigen Ort für seine Übungen zu finden. Das kann der ruhigste Raum in seiner Wohnung sein oder er wird sich eine Tageszeit auswählen, in der nur wenige Störungen zu erwarten sind. Ein ruhiger, sonniger Raum ist am besten zur Meditation geeignet. Wenn die Jahreszeit es erlaubt, kann er die Übungen in die freie Natur verlegen.

Ratsam ist es, die Nähe von Friedhöfen, Schlachthäusern, Gefängnissen, Bordellen und solchen Orten zu meiden, die negative Ausstrahlungen verbreiten. Die Nähe einer Kirche, einer Kapelle, eines Klosters, eines Springbrunnens oder eines Flusses hingegen begünstigen die Praxis des Yoga.

Darüber hinaus soll der Yogaschüler keine engen Kleider und Schuhe tragen. Er soll die allgemeinen Regeln der Hygiene und Reinlichkeit beachten und sich vor unreinen Berührungen hüten. Da dies besonders in Städten nur schwer möglich ist, sollte sich der Yogaschüler vor Beginn der Übungen gründlich waschen.

Der Yogaschüler soll keine unreine Nahrung zu sich nehmen. Eine ideale Ernährung ist vegetarisch und sollte grünes Gemüse, Früchte und Milch enthalten. Übende, die nicht an rein pflanzliche Nahrung gewöhnt sind und denen es schwer fällt, ganz auf Fleisch zu verzichten, sollten ihre Ernährung langsam und ohne Zwang umstellen, denn Unfreiheit und Zwang widersprechen der Lehre des Yoga. Die Menschen glauben zu Unrecht, das Fleisch für die Ernährung unerlässlich ist. Unser Hauptnahrungsmittel ist das Getreide.

Berauschende Getränke sollten nur ab und zu getrunken und auf den Tabakkonsum sollte ganz verzichtet werden. Das übliche Getränk des Yogis ist klares Wasser. Milch ist als Nahrungsmittel und nicht als Getränk gedacht.

Der Mensch darf nicht töten, um seinen Gaumen zu befriedigen. Der Weise tötet nicht, und die Ernährung des Menschen darf nicht als Vorwand für ein Gemetzel dienen, dessen Opfer unsere hilflosen Brüder, die Tiere sind. Es ist inzwischen erwiesen, dass der Konsum von Fleisch allmählich den Körper vergiftet, den Verdauungsapparat verunreinigt und zahlreiche Krankheiten hervorruft, die das Leben verkürzen.

Der Yogaschüler isst nicht zu schnell und auch nicht zu langsam. Er kaut seine Nahrung sorgfältig. Die Speisen können durchaus gezuckert sein, weil der Körper Zucker benötigt. Vor und nach der Mahlzeit sollte er sich Mund und Hände mit Wasser reinigen. Die achtsame Lebensweise wird schon bald ihre heilsame Wirkung entfalten. Der Genuss von roher pflanzlicher Nahrung regt den Darm zu seinen notwendigen peristaltischen Bewegungen an und verhindert Darmträgheit und Verstopfung. Alle noch so zahlreich erscheinenden Ursachen von Stuhlträgheit und Verstopfung sind letztendlich nur auf eine Einzige zurückzuführen: Völlerei. Die Ernährungsweise des Yogi ist ein besseres Heilmittel gegen Darmträgheit als sämtliche Medikamente und die Atemübungen des

Yoga stellen eine ausgezeichnete Gymnastik dar, die den Darm in Bewegung versetzt und zu gesunder Tätigkeit veranlasst.

Der Einfluss der Verdauungsfunktionen erstreckt sich aber nicht nur auf die körperliche Gesundheit des Menschen, sondern die Verdauung beeinflusst auch ganz wesentlich den Charakter einer Person. Jemand mit leichtem und regelmäßigem Stuhlgang ist in der Regel heiter und tatkräftig. Er tritt den Hindernissen des Lebens mutig entgegen und vergisst mühelos dessen Widerwärtigkeiten. Er liebt seine Mitmenschen, ist hilfsbereit und beliebt. Der von Verstopfung geplagte hat hingegen oft auch eine verkrustete Seele. Sein von Fäulnisstoffen durchsetzter Körper wirkt sich auf sein seelisches Befinden aus. Er ist nicht selten trübsinnig, nachtragend, schwarzseherisch und schlecht gelaunt. Gar nicht so selten ist mit Heilung der Stuhlträgheit, die durch eine gesunde Ernährung unschwer zu erreichen ist, auch eine grundlegende Aufhellung des Charakters verbunden. Viele ältere Menschen, die sich aktiv mit Yogaübungen befassen, begannen sich sehr rasch deutlich gesünder, wohler und entspannter zu fühlen, als sie sich in jungen Jahren fühlten.

Die Yogalehrer der Vergangenheit wussten nichts von Vitaminen, Spurenelementen oder Proteinen und es standen ihnen keine Laboratorien zur Verfügung, um sie zu finden. Dennoch wussten sie, das frische Nahrung, Rohkost und Speisen, die nicht durch zu feine

Vermahlung, chemische Behandlung und zu lange Kochprozesse ihre Wirkstoffe verloren haben, die ideale Nahrung sind. Verbindliche Nahrungsvorschriften gibt es jedoch für den Yogi nicht. Der indische Yogi ist allerdings immer Vegetarier, da die Religion der Hindus das Töten von Tieren, den Genuss von Fleisch und auch von Eiern verbietet.

Gegen viele Störungen und Krankheiten des Organismus wird das wertvollste Heilmittel des Yogaschülers ein mehrtägiges Fasten sein, währenddessen er nur Wasser mit etwas Fruchtsaft trinkt. Kein Fieber kann dem Fasten standhalten. Die Bedeutung des Fastens als Heilmittel, der Yogalehre seit Jahrtausenden bekannt, wird in neuerer Zeit auch von der Wissenschaft anerkannt.

Der Beginn des Yogastudiums setzt voraus, dass man ein aufrichtiges Streben nach mehr Bewusstheit und Gegenwärtigkeit hat. Der ehrliche Wunsch, weiser, ruhiger und gütiger zu werden, erleichtert das Studium des Yoga erheblich. Was der Yogi tut, das sollte mit klarem Bewusstsein getan werden, nichts gedankenlos und mechanisch. Auch wer nur die Absicht hat, Hatha-Yoga zu üben, also die unterste der Yogastufen und nicht auf dem Pfad des Yoga weiterschreiten will, sollte sich über die Motive seines Studiums im Klaren sein. Er sollte die Kraft, die er möglicherweise durch Yoga erhält, nur für Taten der Nächstenliebe und Güte und nicht zum Schaden anderer benutzen.

Die verschiedenen Körperhaltungen, die im Hatha-Yoga eingeübt werden, heißen „Asanas". Asanas sind festgelegte Körperstellungen, die der Yogaübende einnehmen kann. Bekannte Asanas sind etwa der „Sonnengruß", der „Pflug" oder die „Schlange". Die Reihenfolge, in der die Körperstellungen eingenommen werden sollen, bestimmt der Yogaschüler selbst. Man soll zunächst jene Asanas einüben, die einem leicht fallen. Später kann man sich auch den schwieriger einzunehmenden Stellungen zuwenden. Wer etwa den Sonnengruß ausführt, erhält ein starkes, gerades und biegsames Rückgrat und eine kräftige Rückenmuskulatur. Die Gelenke werden beweglich, Fett wird abgebaut, die Haut arbeitet besser und der Geist wird frisch.

Die Yoga-Atmung

Aber wenden wir uns zunächst der Atmung zu. Die meisten Menschen atmen ein, ohne dass sich ihr Brustkorb und Bauch bewegen. Das ist keine gute Art zu atmen, denn man atmet zu flach und zieht zu wenig Luft ein. Auch wenn sich beim Versuch, tief zu atmen, Brust und Schultern heben, der Bauch sich aber einzieht, dann ist dies keine gute Art der Atmung. Beim richtigen Atmen ziehen wir die Luft durch die Nase tief in die Lunge ein und lassen unseren Bauch sich dehnen. Unser Brustkorb weitet sich, ohne dass sich die Schultern bewegen. Die Lungen fassen ein großes Volumen Luft. Wird die Luft einen Moment in der Lunge zurückgehalten, dann dehnt sie sich aus und stärkt sie. Jedoch darf diese Art der Atmung nicht übertrieben werden. Das gilt auch für die Ausatmung, die von gleicher Wichtigkeit wie die Einatmung ist. Man atmet nach einer gewissen Zeit, die wir später noch genauer festlegen wollen, aus und zwar vollkommen, bis keine Luft mehr in der Lunge verblieben ist. Das Ausatmen kann durch die Nase oder den Mund geschehen. Die Inder atmen vorrangig durch die Nase ein und aus. Es gibt mehrere Gründe dafür, warum die Atmung durch die Nase besser ist:

1. In der Nase wird die Atemluft gefiltert, so dass weniger Fremdstoffe und Krankheitserreger in die Lunge gelangen.
2. In der Nase wird die Luft erwärmt und angefeuchtet. Somit trocknen die Atemwege nicht aus.
3. Insgesamt verläuft der Atemvorgang durch die Nase tiefer und ruhiger als durch den Mund.

Fassen wir kurz zusammen:

Richtiges Atmen ist wichtig für die Gesundheit. Man atmet richtig, indem man die Luft durch die Nase tief einzieht, bis sich die Lunge weit dehnt. Man atmet durch die Nase oder den Mund aus, bis keine Luft mehr in der Lunge verbleiben ist.

Die Lehre vom Prana

Das Leben hängt vollständig vom Akt des Atmens ab. Atmen heißt Leben und ohne Atmen ist kein Leben. Nicht nur die höher entwickelten Lebewesen sind zur Erhaltung von Leben und Gesundheit auf das Atmen angewiesen, auch die niedrigen Formen animalischen Lebens müssen atmen, um zu überleben. Das Atmen kann daher als die wichtigste aller körperlichen Funktionen angesehen werden. Der Mensch kann eine Zeit leben ohne zu essen, weniger lang bereits ohne zu trinken; aber ohne zu atmen ist seine Existenz schon nach ein paar Minuten gefährdet.

Wichtig ist aber nicht allein die Tatsache, dass wir atmen, sondern auch die Art, wie wir atmen. Die richtige Weise zu atmen ist für dauerhafte Gesundheit und Vitalität ausschlaggebend. Eine intelligente Kontrolle unserer Atemkraft wird unsere Lebenszeit verlängern, weil sie uns erhöhte Lebenskraft und Widerstandsfähigkeit verleiht.

Neben diesen physischen Segnungen kann ein Mensch, der „Pranayama" kennt und praktiziert, seine geistige Kraft, sein Glück, seine Selbstkontrolle und auch sein spirituelles Wachstum fördern. Prana, die Wissenschaft des Atmens, hat, wie viele andere Lehren auch, zwei verschiedene Seiten. Diese sind die esoterische oder innerliche und die exoterische oder äußerliche Seite.

Wenn ein Schüler mit der äußeren Seite der Atmung hinreichend vertraut ist, so kann er auch in die innerliche Lehre dieser Wissenschaft unterwiesen werden.

Die Eingeweihten aller Zeiten und Länder lehrten von jeher (gewöhnlich nur im geheimen einigen Anhängern), dass sich in der Luft eine Substanz oder ein Prinzip findet, von dem alle Tätigkeit, alles Wachstum und alles Leben herrührt. In Indien wird hierfür das Sanskrit Wort „Prana" verwendet, das so viel wie „Absolute Energie" bedeutet. Prana durchdringt alles. Prana wird in allen Lebensformen gefunden, von der Amöbe bis hin zum Menschen - von der elementarsten Form pflanzlichen Lebens bis zur höchsten Form tierischen Lebens. Prana ist in der Luft, aber es ist nicht Luft, noch einer ihrer chemischen Bestandteile. Mensch, Tier und Pflanze atmen es mit der Luft ein. Wenn die Luft es nicht enthielte, würden sie sterben, auch wenn man sie ganz mit Luft anfüllte. Dieses geheimnisvolle, machtvolle Prinzip ist in allen Formen der Materie und dennoch nicht Materie. Es wird durch den Organismus mit dem Sauerstoff aufgenommen, aber es ist nicht Sauerstoff. Damit diese Quelle allen Lebens in uns bewusst wird, müssen wir atmen. Wir müssen atmen, müssen in unser Wesen das hineinatmen, was die Quelle alles Lebendigen ist:

Prana, die Essenz unseres Daseins, das Prinzip, in dem wir leben, wirken und sind.

Prana, die Inspiration der Weisen, Schüler, Philosophen und Erlöser.

Prana, den kräftigen und heilsamen Lebensatem.

Jeder unserer Atemzüge sollte mit vollem Bewusstsein unseres Selbst und des Prana, das die Zellen aufbaut, geschehen. Wer nervös und zerfahren ist, der vergeudet das Prana. Wer jedoch konzentriert ist, speichert es in seinem Körper auf. Wer Anteil an diesem Prana haben möchte, der muss es notwendigerweise zu sich hinziehen wollen. Ohne den Wunsch, ihm nahe zu sein, erlangt man Prana nicht, auch wenn es immer um uns ist. Wir sind uns dieses Prana nicht bewusst, weil wir seine Gegenwart nicht wahrnehmen; diese wird uns erst dann wahrnehmbar, wenn wir uns darauf konzentrieren und den Wunsch hegen, es zu erlangen.

Die Lehre vom Prana wird traditionell in fünf Stufen eingeteilt. 1. ist **Prana** die Essenz des Atems und der Lebenskraft. 2. wacht es als **Vyana** über den Kreislauf. 3. Regelt es als **Samana**, unsere Nahrungsaufnahme und deren Verwertung. 4. sorgt es als **Apana** für die Ausscheidung. 5. wirkt es als **Udana** im oberen Teil des Körpers und fördert die spirituelle Entwicklung eines Menschen.

Prana wird in seiner freiesten Form in der atmosphärischen Luft gefunden, die reichlich damit geladen ist. Wir können es der Luft leichter als irgendeiner anderen Quelle entnehmen. Beim gewöhnlichen

Atmen entziehen wir der Luft nur eine normale Zufuhr von Prana. Aber beim individuellen Atmen sind wir imstande, eine größere Zufuhr zu entnehmen, die dann im Gehirn und im Nervensystem gesammelt wird. Wir können Prana so in uns ansammeln, wie etwa Batterien Elektrizität speichern können. Die magischen Kräfte, die manchen indischen Yogis zugeschrieben werden, verdanken sie im weitesten Sinne dem Gebrauch dieser gespeicherten Prana-Energie.

Ein Mensch, der die Kunst, Prana aufzuspeichern gelernt hat, strahlt Lebenskraft und Stärke aus und alle, die mit dieser Person in Verbindung stehen, spüren das. Ein solcher Mensch kann seine Kraft anderen übertragen und ihnen erhöhte Lebenskraft und Gesundheit geben. Nervenkraft ist aber nur eine Form von Prana. Menschen mit starken Nerven sind reich an Prana. Nervös, fahrig und unsicher sein, heißt im Grunde nichts anderes, als einen Mangel an Prana zu besitzen. So wie der Sauerstoff des Blutes durch die Bedürfnisse des Organismus aufgebraucht wird, so wird das durch das Nervensystem aufgenommene Prana durch unser Denken, Wollen und Handeln erschöpft. Daher ist es nötig, stetig für eine Erneuerung des Prana-Speichers zu sorgen. Wenn uns klar ist, dass der größte Teil des Prana von uns aus der Luft übernommen wird, wird uns die Wichtigkeit einer bewussten Atmung leicht begreiflich sein. Die Atemkunde ist viel zu wichtig, als dass sie oberflächlich behandelt werden kann. Wir werden jedoch versuchen, sie so einfach darzulegen, dass sie von jedem verstanden wird.

In den folgenden drei Lektionen werden wir genaue Anleitungen und Erklärungen geben, die auf Bände ausgedehnt werden könnten. Aber in diesem Buch soll es um eine kurze Einführung in die Grundlagen der yogischen Atemkunde gehen.

1. Der individuelle Atem

Übung:

Treten sie vor ein geöffnetes Fenster oder gehen sie in den Garten. Halten sie ihre beiden Armen waagerecht ausgestreckt und führen sie dann die Arme im Bogen nach hinten. Schließen sie die Hände hinter dem Kopf, um dann die Brust herauszudrücken und den Kopf ein wenig zurückzuneigen. Leeren sie ihre Lunge und stoßen sie dabei zuerst so viel Luft aus, wie sie ohne Anspannung können. Bei dieser Übung sollte alles leicht und mit vollkommener Ruhe ausgeführt werden.

Atmen sie nun rhythmisch sieben Sekunden lang durch die Nasenlöcher langsam, sanft und tief ein. Diese Art der Atmung füllt zuerst die oberen Lungenlappen und dann die übrigen Teile der Lunge. Beobachten sie die gleiche Regel bei der Ausatmung und kontrollieren sie ihre Atmung so, dass Druck, Unregelmäßigkeiten und zu große Schnelligkeit vermieden werden. Alles sollte ungezwungen vor sich gehen.

Während sie den Lebensodem einziehen, konzentrieren sie sich auf den Atem. Folgen sie in Gedanken dem Atemstrom, wie er durch die Nasenlöcher strömt, durch die Luftröhre und Bronchien in die Lunge eintritt und die Lunge sowie die Zwerchfellumgebung ausdehnt. In gleicher Weise folgen sie dem Strömen der Luft in entgegengesetzter Richtung bei der Ausatmung. Konzentrieren sie sich während der Atmung auf Prana, die Lebensessenz, die im ganzen Körper die Zellen neu aufbaut und somit den Grund zur Verjüngung legt. Atmen sie in der festen Überzeugung, dass Atmen das Lebensprinzip ist und dass durch dasselbe viele Übel und negative Zustände beseitigt werden können. Wer diese Atemübung jedoch unkonzentriert ausführt, der wird keine befriedigenden Ergebnisse erzielen. Der individuelle Atem, wie er hier beschrieben wird, ist keine bloße Atem-Gymnastik, denn eine solche lässt die wichtigsten Punkte unberücksichtigt, nämlich die Konzentration und die Anwendung der Gedankenkraft in Verbindung mit dem Atem. Erst die Verbindung dieser beiden Elemente bringt die großartige Wirkung der Yoga-Atmung hervor.

Der individuelle Atem besteht in einer sieben Sekunden langen Einatmung und einer ebenso langen Ausatmung. Es ist keineswegs ganz abwegig, zu glauben, dass die Spanne unseres Lebens in einem direkten

Verhältnis zu der Art unserer Atmung steht. Durch die Anwendung des individuellen Atems können wir das Leben verlängern und manche Krankheiten von uns fernhalten oder überwinden. Der Yogaschüler sollte die individuelle Atmung täglich 15 Minuten lang üben. Nach und nach muss er diese Art der Atmung so verinnerlichen, dass sie ihm zur Gewohnheit wird. Später einmal sollte er immer so atmen, wie die Übung es vorgibt.

2. Der rhythmische Atem

Alles ist Rhythmus. Vom kleinsten Atom bis zur größten Sonne ist jedes Ding in rhythmischer Schwingung begriffen. In der Natur ist nichts in absoluter Ruhe. Auch die Atome des menschlichen Körpers befinden sich in beständiger Schwingung, sie verwandeln sich unaufhörlich. In allem Wechsel ist aber ein bestimmter Rhythmus zu finden. Rhythmus erfüllt das ganze Universum. Der Lauf der Planeten um die Sonne, das Steigen und Fallen der See, das Schlagen des Herzens, Ebbe und Flut der Gezeiten: alle folgen dem Gesetz des Rhythmus.

Unser Körper ist diesem Gesetz ebenso unterworfen, wie der Planet in seinem Kreislauf um die Sonne. Unser Körper ist einem kleinen Teich vergleichbar, der mit dem Meer verbunden ist und von diesem gefüllt wird. Auch dieser kleine Teich ist den großen Bewegungen von Ebbe und Flut unterworfen. Die große See des Lebens nimmt zu und ab, fällt und steigt, und wir reagieren auf ihre Schwingungen und auf ihren Rhythmus.

Wenn wir durch rhythmisches Atmen „den Schwung" erfassen, sind wir in der Lage, ein sehr hohes Volumen von Prana aufzunehmen, welches dann zu unserer freien Verfügung steht. Wir müssen beim rhythmischen Atmen vor allem lernen, die Idee des Rhythmus geistig zu erfassen. Denen, die musisch begabt sind, ist der Rhythmus bereits vertraut.

Als Maßstab für das rhythmische Atmen gilt der normale Herzschlag. Da dieser aber nicht bei allen Personen gleich ist, müssen wir ihn beobachten und ihn uns bewusst machen. Legen sie also den Daumen auf den Puls der Hand und zählen sie 1,2,3,4,5,6 usw., bis sich der Rhythmus ihres Pulses ihrem Gedächtnis eingeprägt hat. Die Zeit von einem normalen Pulsschlag zum nächsten gilt als Einheit. Nach diesen Einheiten werden nun sowohl das Einatmen, das Anhalten des Atems und das Ausatmen bemessen. Die Regel zum rhythmischen Atmen ist folgende: Jedes Einatmen muss dieselben Pulseinheiten haben wie das Ausatmen. Dagegen sollen die Pulseinheiten des Anhaltens und zwischen je zwei Atemzügen halb so viele sein, wie die des Ein- und Ausatmens.

Übung:

Setzen sie sich in bequemer Stellung hin und lassen sie all ihre Muskeln möglichst locker und entspannt sein. Ziehen sie jetzt langsam einen vollständigen Atemzug ein, indem sie sechs Pulseinheiten zählen. Halten sie den Atem dann für drei Pulseinheiten an, ehe sie Ausatmen. Atmen sie dann langsam durch die Nase aus und zählen hierzu sechs Pulseinheiten. Wiederholen sie diesen Atemzyklus mehrere Male, aber üben sie nicht zu lange. Der Körper muss sich an diese Art der Atmung erst allmählich gewöhnen.

Nach einiger Zeit werden sie imstande sein, die Dauer der Ein- und Ausatmungen nach Bedarf zu verlängern, indem sie die Pulseinheiten etwa bis zu zehn steigern. Es muss stets darauf geachtet werden, dass die Einheiten in den Atempausen die Hälfte der Einheiten beim Ein- und Ausatmen betragen. Noch wichtiger als eine langsame Atmung ist es jedoch, darauf zu achten, eine rhythmische Atembewegung zu erzeugen.

Die Wirkung dieser Atmungsweise ist wunderbar, sie beeinflusst sowohl den inneren als auch den äußeren Menschen. Wer in dieser Weise zu atmen gelernt hat, der erfährt ein Gefühl von Ruhe und Harmonie und ein Bewusstsein von Kraft durchströmt seinen Organismus. Wer häufig rhythmisch atmet, der gewinnt eine gute Haltung und wirkt in seinen Bewegungen sowohl leicht als auch kraftvoll. Das Äußere eines Menschen ist das Spiegelbild seines Inneren.

3. Der dynamische Atem

Die menschliche Atmung ist mit dem vergleichbar, was in einem Dynamo geschieht. So wie diese Maschine elektrische Kraft aufspeichert, so sammelt der menschliche Organismus auf dem Wege der Atmung die Spannkräfte der Atmosphäre. In Bezug auf diesen Vorgang nennen wir das nachfolgend beschriebene Atmungssystem „die dynamische Atmung".

Je bewusster die Atemübungen mit dem Gedanken des Kräfteentnehmens aus der Atmosphäre und des Kräfteaufspeicherns vor sich gehen, umso wirkungsvoller wird auch das Resultat der Atmungsvorgänge sein. Die dynamische, also kraftspeichernde Atmung, wird in Indien „psychische Atmung" genannt. Es ist die wichtigste Atemform des Hatha-Yoga. Der dynamische Atem setzt einige Übung im rhythmischen Atmen voraus und erfordert darüber hinaus auch eine gewisse geistige Vorstellungskraft.

Beim Einatmen versuchen sie sich ein geistiges Bild von dem hereinströmenden Prana zu machen, wie es durch die Lunge eindringt und dann durch den Solar Plexus (*Sonnengeflecht*) aufgenommen wird. Sodann wollen sie, dass das Prana oder die vitale Kraft sich im ganzen

Körper verteilt, dass es in jedem Muskel, jeder Zelle, jedem Nerv fließt. Die Vorstellung von dem hereinströmenden und sich über den ganzen Körper verteilenden Prana muss möglichst lebendig sein. Das Anhalten des Atems ist zu beachten, da es der Benutzung der eingezogenen Kraft entspricht.

Die nachfolgende Atemübung wird auch das „Atmen durch die Knochen" genannt, weil es den gesamten Organismus mit Prana erfüllt. Jeder einzelne Körperteil wird von Prana und von dem Rhythmus des Atems belebt und gefärbt. Man kann sagen, dass diese Übung einer Belebung und Regeneration des gesamten Nervensystems dient.

Übung:

Setzen sie sich bequem hin und atmen sie möglichst rhythmisch, jedoch ohne zu zählen. Nachdem der Atem ruhig und regelmäßig geworden ist, konzentrieren sie sich auf folgenden Vorgang:

a) Stellen sie sich vor, dass der Atem durch die Knochen der Füße eingezogen und ausgestoßen wird, so als wenn diese hohl wären.
b) Stellen sie sich vor, dass der Atem durch die Arme eindringt und ausgestoßen wird.
c) Desgleichen durch die Knie und Ellenbogen.
d) Atmen sie nun durch den Scheitel, durch die Stirn und die Augen.

e) Weiter atmen sie durch die Brust, den Unterleib, durch den Solarplexus und den Rücken. Stellen sie sich vor, dass der Atemstrom in der Wirbelsäule auf- und niederfließt.

f) Beenden sie die Übung mit der Vorstellung der Atmung durch alle Poren der Haut und des Körpers.

Die dynamische Atmung hat erheblichen Einfluss auf die geistige und körperliche Entwicklung eines Menschen. Sie stellt aber auch einige Ansprüche an die Ausdauer und Phantasie des Übenden. Vor allem soll sich der Schüler nicht verkrampfen. Er sollte nicht üben, wenn der Körper müde oder krank ist. Auch wenn der Geist von Sorgen belastet ist, sollte man die Übungen nicht anfangen. Um den Geist zu beruhigen kann man sein Denken auf eine höhere Ebene lenken, in dem man beispielsweise sagt: „Alle Wesen mögen glücklich sein. Ich wünsche allen Geschöpfen Frieden und Liebe!"

Die Atemlehre, Pranayama genannt, ist ein wesentlicher Teil der Yogalehre, da er die Lebenskraft durch feine Kanäle, die Nadis, leitet und die Energiezentren (*Chakras*) des Körpers anregt. Der Begriff Pranayama setzt sich aus zwei Wörtern zusammen: Prana bedeutet Lebenskraft und Yama Beherrschung.

Wem die bisher vorgestellten Atemübungen noch zu schwer sind, der kann sich folgenden drei Übungen zuwenden, die relativ leicht auszuführen sind.

1. Übung:

Sie sitzen aufrecht und reglos, dann atmen sie tief und gleichmäßig ein und aus. Bei jedem Atemzug und jedem Ausatmen sprechen sie die heilige Silbe „Om". Diese Übung ist geeignet, auch Anfänger in die regelmäßige Atmung einzuführen, die ihm Ruhe und Harmonie bringt und seine Atmungsorgane reinigt. Nach Monaten der Praxis wird man feststellen, welches Wohlbefinden aus ihr hervorgeht und wie sie das Wesen des Übenden verändert.

2. Übung:

Man schließe das rechte Nasenloch mit dem Daumen und atme durch das linke so viel Luft wie möglich ein. Der Atem füllt die Lunge. Dann verschließe man die linke Nasenöffnung und atme langsam durch die rechte aus. Dann wiederholt man diese Übung und beginnt mit der linken Nasenöffnung.

Am Anfang vollführt man diese Übung abwechselnd zweimal und übt sie zweimal am Tag. Später kann man zu fünf abwechselnden Atemübungen übergehen und die Übungen viermal täglich wiederholen.

Ist man mit dieser Übung genug vertraut, kann man zur dritten Übung übergehen.

3. Übung:

Diese gleicht zunächst der zweiten Atemübung, aber man hält die Luft einige Zeit an. Diese Übung mag am Anfang etwas schwer fallen, aber es ist hilfreich, die Sekunden zu zählen, in denen man in den einzelnen Phasen verbleibt. Man beginnt mit:

Einatmen 2 Sekunden; Anhalten des Atmens 8 Sekunden; Ausatmen 4 Sekunden.

Dann: Einatmen 3 Sekunden; Anhalten 12 Sekunden; Ausatmen 6 Sekunden.

Das Verhältnis 4, 16, 8 wird von erfahrenen Yogis empfohlen. Diese gehen bei ihrer Einatmung bis zu 20 Sekunden, beim Anhalten bis 80 und beim Ausatmen bis hin zu 40 Sekunden. Nach einiger Zeit wird es nicht mehr nötig sein, die Nasenlöcher zu verschließen, um den Atem anzuhalten.

Man sollte diese Übung nicht öfter als viermal am Tag abwechselnd ausüben. Es ist gut, sie zweimal am Morgen und zweimal abends auszuführen.

Atem ist Leben

Ehe man überhaupt anfängt, spezifische Atemübungen zu einzuüben, ist es ratsam, das Atmen selbst zu lernen. Das Atmen ist schwer zu lernen für Menschen, die niemals richtig geatmet haben. Manche Leute schöpfen nur selten tief Luft, vielleicht mal im Urlaub, bei einem Umzug oder wenn der Aufzug versagt.

Schon seit Urzeiten ist dem Osten die Bedeutung des Wortes „Atem ist Leben" bekannt gewesen. Dieses Wissen ist nie verloren gegangen, sondern ist durch unzählige Generationen weitergegeben worden. Erst seit kurzem scheint auch die westliche Welt die tiefgründige Wahrheit entdeckt zu haben, dass die Luft das Lebenselixier ist. Es ist medizinisch festgestellt worden, dass wir in 24 Stunden 20.000 Atemzüge vollführen. Das bedeutet, dass wir 20.000-mal die Möglichkeit haben, tief von unserem Lebenselixier zu trinken. Aber wie viele von uns tun es auch? Beobachten sie sich nur selbst. Sie nehmen nur zaghafte kleine Schlückchen, die nur den oberen Teil der Lunge füllen. Besser ist es, große, tiefe Atemzüge zu tun. Versuchen sie, die Luft erst tief in die Lunge zu ziehen, indem sie ihren Bauch bis zum vollen Umfang ausdehnen. Dann öffnen sie die Rippen wie einen Fächer und heben sie die Brust erst zuletzt, ohne dabei die Schultern zu bewegen. Sie werden erstaunt sein, wieviel Luft ihre Lunge fassen kann.

Nun versuchen sie, den Atem ein paar Sekunden bei sich zu behalten. Wenn die Luft in den Lungenzellen gehalten wird, hält sie deren Wände ausgedehnt, gewöhnt sie an die Ausdehnung und macht sie stark. Sind sie erst erstarkt, so werden sie sich automatisch der Luft entgegendehnen und sie somit bei ihrer Anstrengung, richtig zu atmen, unterstützen.

Wenn sie nach einer Zeitspanne von drei bis sechzig Sekunden ausatmen, tun sie das vollständig und setzen sie an das Ende des Ausatmens einen aushauchenden Laut wie „huh", um sich zu vergewissern, dass auch der letzte Rest verbrauchter Luft ausgestoßen ist. Das Ausatmen ist mindestens so wichtig wie das Einatmen.

Sie werden sich mühelos und ohne nachteilige Folgen an die neue Art der Atmung gewöhnen, wenn sie behutsam und Schritt für Schritt vorgehen. Vermutlich sind ihre Lungen seit Jahren nicht richtig gebraucht worden und sie müssen gestärkt werden, ehe sie zu einer gesunden Art der Atmung finden. Wenn sie am Tag etwa 30 Minuten lang die oben beschriebene Atmung üben, wird das genügen, um ihre übrige Atmung entsprechend anzupassen. Je mehr sie rhyth-misch atmen, umso leichter wird es ihnen fallen, jederzeit richtig zu atmen, ob sie sich ihrer Atmung bewusst sind oder nicht. Allmählich werden sie von einem Gefühl des Rhythmus erfüllt sein, und sie werden sich eins fühlen mit dem großen Rhythmus des Lebens und des Alls. Sie spüren dann das Wunder des Lebens und ihre Kraft daran teilzunehmen stärker, als sie es durch ein abenteuerliches Leben in der äußeren Welt lernen könnten. Sie werden mehr von sich wissen, als sie durch Jagderlebnisse, politische Betätigung oder allerlei weltliche Erfolge erfahren würden. Sie werden, um es kurz zu sagen, sich zum ersten Mal selbst begegnen.

Kundalini Yoga

Die höchsten Stufen des Hatha-Yoga sind nur dem zugänglich, der in die Geheimnisse der Schlangenkraft eingeweiht worden ist. Die dafür nötigen Übungen knüpfen an die schon beschriebene Atemschulung an und geben dieser erst ihren letzten Wert. Nach uralter indischer Anschauung dringt der Atem abwechselnd durch die beiden Nasenlöcher ein und von da aus durch die beiden seitlichen Hauptkanäle Ida und Pingala in das Innere des Körpers. Hier wird er zunächst in der Gegend des Sonnengeflechts gesammelt, um sich dann von diesem wichtigen Nervenzentrum aus in alle Teile des Körpers zu verteilen.

Prana, die innere, seelische Kraft des Atems, erfüllt unser ganzes Sein mit Leben. Um aber alle seine schöpferischen, heilenden und erlösenden Energien entfalten zu können, muss der Atem den „Königsweg" gehen. Das heißt, wir haben danach zu streben, ihn in die göttliche Ader hineinzuleiten, die ihn aus dem

Beckenboden unseres Körpers hinaufführt bis an den höchsten Punkt unseres Kopfes, wo er in eine höhere Bewusstseinsstufe führt.

Diese göttliche Ader wird Suschumna genannt. Sie wird am Grunde der Wirbelsäule liegend gedacht. Dem uneingeweihten Menschen, der sich noch nicht mit Yogaübungen befasst hat, ist es nicht möglich, den Atem zum Beschreiten dieses Königsweges zu veranlassen und ihn also aus dem Unterleib in die Suschumna hinaufsteigen zu lassen. Dazu bedarf es besonderer Vorbereitungen.

Zunächst wird die Ausübung des Atmens durch allerlei Unreinheiten des Atemtraktes verhindert. Deswegen sollten schon vor Beginn des Pranayama diese Unreinheiten durch Mund- und Nasenspülungen beseitigt werden. Das eigentliche Hindernis, das den Aufstieg der Pranakraft verhindert, ist jedoch ein anderes. Vor dem unteren Ende der Suschumna liegt nämlich die Kundalini, die „Geringelte", die Schlangenkraft, und verstopft den Eingang zur Götterader. Solange sie dort liegt und schläft, kann der Erlösungsweg nicht beschritten werden. Es gilt daher, die Kundalini zu erwecken und sie zum Aufsteigen zu bringen. Erst wenn sie aus ihrem geringelten Zustand erwacht und sich reckt, gibt sie den Weg frei zum Einströmen des Atems in die Suschumna.

Solange die Kundalini schläft, ist sie unsere Herrscherin und lässt uns nicht zu unserem eigenen Wesen kommen. Aber als Erweckte hingegen kann sie uns zu Diensten sein, so dass wir am Reichtum ihrer Kräfte teilhaben. In alten Hatha-Yoga Schriften heißt es: „Die höchste Göttin, Kundalini, ruht schlafend im Unterleib. Sie ist die Herrin des Selbst, hat die Gestalt einer Schlange und ist dreieinhalbmal gewunden. Solange sie im Körper schläft, ist der Mensch wie ein Tier; solange wird ihm kein höheres Wissen zuteil, selbst wenn er zehn Millionen Yoga-Übungen vollbrächte. So wie man ein Tor mit dem Schlüssel öffnet, so kann man durch das Aufwecken der Kundalini die Pforten Brahmans öffnen."

Die erweckte Kundalini gibt dem Atem den Weg frei, in die Suschumna einzutreten und in ihr aufwärts zu strömen. Danach durchläuft unser mit der Prana-Kraft verbundenes Bewusstsein nacheinander sechs Chakren, durch die der Königsweg der Suschumna führt. Chakren sind die Haltepunkte und Kraftsammelstellen, in denen sich die Bedeutung der erreichten Bewusstseinsstufen symbolisch kundgibt.

In der Gegend der Geschlechtsorgane liegt das unterste der Chakren, der vierblättrige Wurzelträger (*Muladhara*), in dem die Kundalini ihre Ruhestätte hat. Solange unsere Bewusstheit dort ihren Schwerpunkt hat, sind wir noch nicht zu unserem wahren Ich gekommen. Es folgt der auch noch im Unterleib gelegene sechsblättrige „Aufrichtungslotus", (*Gvadhistana*), zu dem die erwachte Kundalini aufsteigt. Das ist der Feuerlotus, in welchem sich die Kräfte entwickeln, die das Leben überhaupt erst ermöglichen. Als drittes Zentrum folgt der zehnblättrige „Lotus der Juwelenfülle" (*Manipura*). Er liegt in der Nabelhöhle und wird als Sitz des Wassers angenommen, in dem wir mit den Empfindungen unserer Bauchbewusstheit schwimmen. Der zwölfblättrige Herzkreis, der „Lotus des feinen Tönens" (*Anahata*), ist die Stätte, in der das Gefühl für unser Selbst-Sein, unser Ich, erwacht. An fünfter Stelle folgt der im Bereich der Kehle liegende sechzehnblättrige „Lotus der letzten Reinigung" (*Vishuddha*). Von dort aus erschließt sich der Weg zu den höchsten Bewusstseinsstufen. Die Pranakraft steigt sodann zum zweiblättrigen, weißen „Lotus des höchsten Befehls" (*Ajna*) in die Stirnhöhle auf. Dort ergeht die Aufforderung an uns, das Selbst als wesensgleich mit dem Göttlichen zu erkennen. Noch oberhalb dieses Chakra ergießt sich die aufwärtsstrebende Kraft in den „Tausendblättrigen Lotus", um durch eine Öffnung am höchsten Punkte des Kopfes, die „Brahma-Spalte", als Flamme des Geistes in die obere Welt emporzulodern.

Wir bemerken unschwer, dass wir es hier mit einer symbolbeladenen Bilderwelt zu tun haben, die uns Europäern zunächst sehr fremd ist. Natürlich werden hier keine anatomischen Einzelheiten unserer Psyche oder unseres stofflichen Körpers beschrieben. Vielmehr handelt es sich um den Versuch einer symbolischen Erfassung unseres feinstofflichen Körpers.

Raja-Yoga

Wer die Kraft des Hatha-Yoga erworben hat, der hat bereits einiges erreicht: Er kennt die Anfangsgründe des Yogasystems, die Beherrschung des Atems und der Muskeln. Hatha-Yoga ist der Grundstein. Dem Übenden gibt auch die erste Stufe der Yogalehre schon sehr viel. Er verfügt über mehr Widerstandskraft, Geduld und eine bessere Gesundheit als er sie vorher besaß. Möglicherweise ist bei dem Schüler des Hatha-Yoga das Interesse geweckt, tiefer in die indische Mystik einzudringen und mehr Zeit dem Yoga zu widmen. Für solche Yogaschüler werden auch die anderen Yoga-Wege interessant sein, der Bhakti-Yoga, der Karma-Yoga, der Jnana-Yoga und schließlich auch der Raja-Yoga.

Raja-Yoga wird auch der „königliche Yoga" genannt. Der Weg des Raja-Yoga besteht aus acht Stufen.

Die **erste Stufe** ist „Yama", was so viel wie „Selbstbeherrschung" bedeutet. Der Schüler muss ethische Übungen praktizieren: Nicht-Verletzen, Ehrlichkeit, Nicht-Stehlen, Keuschheit und Begierdelosigkeit.

Die **zweite Stufe** ist „Niyama". Niyama umfasst Übungen zur inneren und äußeren Reinheit, zur

Zufriedenheit, Strenge gegen sich selbst, zum Studium der heiligen Schriften und Hingabe an Gott.

Die **dritte Stufe** ist „Asana", was Körperhaltung bedeutet. Die Kontrolle des Körpers wird in verschiedenen Stellungen des Körpers geübt.

Die **vierte Stufe** ist „Pranayama", die Schulung des Atems. Aus einer Kombination der dritten und vierten Stufe ist das Hatha-Yoga hervorgegangen.

Die **fünfte Stufe** „Pratyahara". In diesem Stadium wird das Abziehen der Sinne von den Sinnesobjekten geübt, damit der Geist frei von störenden Wünschen bleibt.

Die **sechste Stufe** ist „Dharana". In dieser Stufe wird Konzentration geübt, also die Fähigkeit, den Geist auf ein Objekt zu fokussieren und nicht abzuschweifen.

Die **siebte Stufe** ist „Dhyana", was mit Meditation übersetzt werden kann.

Die **achte Stufe** schließlich ist „Samadhi", jener mystische Zustand, in dem Ich und Erscheinungswelt verschmelzen.

Der Weg von Hatha-Yoga bis zur höchsten Stufe, Raja-Yoga, ist weit. Selbst Inder, die mit den Grundlagen des Yoga besser vertraut sind, würden den Weg des Raja-Yoga nicht ohne einen geistigen Lehrer beschreiten. Im Vedantasara, einem Text aus dem 15. Jahrhundert unserer Zeit, geschrieben von dem Weisen Ramanuja, heißt es:

„Dem wahrhaften Guru sind alle Tugenden und alle Weisheit vertraut. Er hat die Sünde mit der Wurzel ausgerissen. Ihm leuchtet das Licht des Geistes, das alle Schatten zerstreut. Auf einem Berg von Sünden sitzend, wird keine sein Herz, das fest und leuchtend wie ein Diamant ist, beunruhigen. Der wirkliche Guru ist würdevoll, er ist frei und seinen Schülern ein Vater.“

Anapanasati

Die buddhistische Atem-Lehre

Zur Übung der Meditation setzen wir uns mit gerade aufgerichtetem Körper auf den Boden. Der Nacken sollte gestreckt, das Kinn leicht zurückgezogen und die Augen sollten auf die Nasenspitze gerichtet sein. Am Anfang ist es besser, mit offenen Augen zu meditieren, da wir dann nicht so leicht schläfrig werden und gedanklich abschweifen. Mit der Zeit, wenn uns die Übung der Meditation vertrauter ist, werden sich die Augen von selbst schließen. Dem Geübten macht das meditieren mit geschlossenen Augen keine Probleme. Wir können auch von Anfang an mit geschlossenen Augen üben, wenn es uns besser zusagt. Die Übung mit offenen Augen hat zwar einige Vorzüge, aber manchen Menschen fällt es dennoch schwer, auf diese Weise zu üben. Vor allem jene, die sich bereits an die Übung mit geschlossenen Augen gewöhnt haben, können oft nicht mehr mit geöffneten Augen meditieren.

Bei der Meditation sollten die Hände, eine über der anderen, locker im Schoß liegen. Die Beine sollten übereinander geschlagen werden, so dass sie in der Lage sind, das Körpergewicht ungezwungen im Gleichgewicht zu halten. Wir können im gewöhnlichen Schneidersitz oder in der klassischen Lotusstellung üben, je nachdem wie beweglich wir sind. Es genügt völlig, die Beine in einer Weise zusammenzulegen, dass unser Körpergleichgewicht gesichert ist und wir nicht umfallen können. Die anspruchsvolleren Sitzpositionen können wir uns für später aufsparen, wenn wir ernsthaft als Yogi üben wollen.

Unter bestimmten Umständen, etwa wenn wir krank sind oder uns matt fühlen, können wir auch mit angelehntem Rücken sitzen. Bei schwerer Krankheit kann man sich auch flach hinlegen und in dieser Position Meditation üben.

Wir sollten in einem Raum mit frischer Luft üben, so dass wir angenehm und leicht atmen können. Es sollte dort nichts besonders Störendes geben. Gleichmäßige Geräusche, wie etwas Rauschen von Wellen, Wind in den Baumkronen oder auch der Lärm einer Fabrik, sind für den Übenden kein Meditationshindernis. Klänge mit wechselndem Bedeutungsinhalt, wie etwa die Stimmen von Menschen, Radio- oder Fernsehsendungen sind durchaus ein Hindernis und sollten gemieden werden. Wenn wir keinen geräuschlosen Raum finden können, dann haben wir uns so zu verhalten, als gäbe es in unserer Umgebung keine Geräusche. Anfängern wird das schwer fallen, aber Geübte sind dazu in der Lage, störende Geräusche auszublenden. ###

Während die Augen ohne bestimmtes Interesse auf die Nasenspitze schauen, sind wir fähig, unser Denken und Fühlen auf den Vorgang der eigenen Ein- und

Ausatmung zu richten. Um uns gleich zu Beginn der Übung ohne Schwierigkeiten gut konzentrieren zu können, versuchen wir zunächst einige Atemzüge, über das gewöhnliche Maß hinaus, so lange auszudehnen wie möglich. Dabei spüren wir sehr deutlich, wie die Atemluft, die wir einsaugen und ausstoßen, durch unseren Körper strömt. Es ist auf diese Weise sehr leicht, den Endpunkt des Einatmens zu fixieren, und zwar als die Stelle, an der wir den Atemvorgang am tiefsten in unserem Unterbauch spüren. Diesen Punkt wählen wir als unsere unterste Grenze, an dem wir das Ende der Atembewegung spüren. Es ist ebenfalls wichtig, auch den Endpunkt des Ausatmens zu fixieren. Normalerweise spüren wir die äußerste Atembe-rührung nahe der Nasenspitze. Diese Stelle wählen wir als Endpunkt der Ausatmung. Auf diese Weise haben wir jetzt die beiden Endpunkte des Ein- und Ausatmens festgelegt, die Nasenspitze als den einen, den Bauchnabel als den anderen. In ständigem Wechsel zwischen diesen beiden Punkten durchströmt die Atemluft den Körper in regelmäßigem Auf- und Ab. Während der Versenkungsübung folgt unsere Aufmerk-samkeit dem Atem wie ein Schatten. Im gesamten Verlauf des stetigen Ein- und Ausatmens erlauben wir unserer Achtsamkeit nicht, sich vom Atem zu lösen. Dies zu erreichen ist eine erste Stufe unserer Medi-tationsübung.

Wie gesagt, sollten wir zu Beginn unserer Übung einige Male sehr lang zu atmen versuchen, um die Punkte des Beginns und des Endes der Atmung festzulegen und die gerade Verbindungslinie zwischen diesen Punkten klar zu erfassen. Wir üben dies solange, bis unser Bewusstsein dem Verlauf des Ein- und Ausatmens zuverlässig und mühelos folgen kann. Wenn wir nun darin geübt sind, so vermindern wir allmählich die Atemausdehnung und gehen zur normalen Atemweise über, in der wir uns nicht mehr willentlich bemühen. Unsere Achtsamkeit (*Sati*) bleibt auch während der normalen Atmung fest auf die jeweilige Stelle der Atemberührung in der Linie des Atemverlaufs ausgerichtet, wie sie es auch während der Phase der absichtlich starken Atmung getan hat. Mit fortschreitender Übung sollten wir fähig sein, uns auf die Linie zu konzentrieren, die der Atemverlauf durchschreitet, vom inneren Endpunkt, dem Bauchnabel, bis zum äußeren Endpunkt, der Nasenspitze.

Wenn unsere Atmung feiner und sanfter wird, so sollte sich unsere Aufmerksamkeit ebenfalls verfeinern. Wenn wir jedoch nicht in der Lage sein sollten, uns achtsam auf den Atem zu konzentrieren, weil der Atem zu fein geworden ist, dann beginnen wir noch einmal damit, grob und stark zu atmen. Wir konzentrieren uns erneut, bis wir eine Stufe der Achtsamkeit erreichen, in der wir fähig sind, die Atemluft ohne Unterbrechung an der Stelle der Berührung spüren zu können. Das heißt:

bis wir ohne Anstrengung eine normale Ausatmung erreichen und unser Bewusstsein ununterbrochen darauf ausrichten können. Wir bemerken dann mühelos, ob der Atem lang oder kurz, schwer oder leicht ist. Wir wissen es, weil unsere Aufmerksamkeit die ganze Zeit ständig auf den Atemvorgang gerichtet ist und dem Luftstrom sowohl der Einatmung als auch der Ausatmung folgt.

Wenn wir dies erreichen, können wir sagen, dass wir die Stufe der „stetigen Atembeobachtung" erreicht haben. Unsere Übung ist nicht erfolgreich, wenn unsere Achtsamkeit dem Atem nicht die ganze Zeit hindurch folgt. Lassen wir unseren Geist irgendwann herumwandern, so entgleitet uns unsere Achtsamkeit. Wann immer der Geist sich aus dem Hier und Jetzt hinausbewegt, und dazu neigt er nun einmal, verlieren wir den Kontakt zu unserem Atemvorgang. Wir bemerken in der Regel erst nach einer Weile, dass wir uns aus dem gegenwärtigen Moment hinausbegeben haben. Wir wissen meist auch nicht, zu welcher Zeit der Geist abgeirrt ist und was der Anlass dafür war. Sobald wir jedoch bemerken, dass unser Geist abirrt, sollten wir uns wieder erneut auf den Atemvorgang konzentrieren und weiter üben, bis wir auf dieser ersten Stufe der Meditation erfolgreich sind.

Wenn wir fähig sind, unsere Aufmerksamkeit etwa 10 Minuten durchgehend auf den Atem zu richten, können wir zur zweiten Stufe übergehen. Auf der zweiten Stufe der Meditation hören wir auf, dem ganzen Atemverlauf zu folgen und lassen wir Sati, unsere bewusste Aufmerksamkeit, nur auf eine einzige Stelle richten. Zunächst richten wir unsere Aufmerksamkeit auf den inneren Endpunkt der Einatmung, den Bauchnabel. Dann lassen wir unsere Aufmerksamkeit für einige Momente ziellos, still und leer werden. Anschließend lassen wir unsere Aufmerksamkeit zum äußeren Endpunkt der Ausatmung, der Nasenspitze wandern. Auch hier verweilen wir einige Momente ziellos und still, bis wir erneut den inneren Endpunkt, unseren Bauchnabel, spüren.

Diese Übung setzen wir so lange Zeit fort, bis sie uns vertraut zu werden beginnt. Während der Zeit, in der wir unsere Aufmerksamkeit frei, still und leer werden lassen, sollte unser Geist nicht umherschweifen und bei Beruf, Familie, Haus oder Hof verweilen. Wir erreichen das, wenn Sati ausschließlich achtsam an der tiefsten Stelle innen und dem äußeren Endpunkt wacht, und unser Bewusstsein dazwischen ziellos, still und leer gelassen wird. Wenn wir diese Übung sicher beherrschen, lassen wir auch den inneren Endpunkt (*Bauchnabel*) ausfallen und begrenzen unsere Aufmerksamkeit auf den äußeren Endpunkt, die Nasenspitze. Sati wacht dann konzentriert über den Nasenausgang, gleichgültig, ob die Atemluft die Stelle beim Ein- oder Ausatmen berührt oder nicht. Wir konzentrieren uns darauf, dort, an der Nasenspitze, jeden Atemzug zu registrieren.

Man kann diese Art der Atembeobachtung „Wachsamkeit an der Eingangspforte" nennen. Wir nehmen den Atem dabei jeweils nur einen Augenblick wahr, nämlich dann, wenn er gerade ein- und austritt; im Übrigen verbleiben wir leer und still. Während der leeren und stillen Phase darf der Geist nicht umherschweifen und sich mit allem Möglichen beschäftigen.

Wenn wir diese Übung beherrschen, können wir sagen, dass wir die Stufe der „Konzentration auf einen Punkt" verwirklicht haben. Wir sind nicht erfolgreich, wenn unser Geist irgendwann fortwandert und gar nicht mehr wahrnimmt, was im Hier und Jetzt geschieht. Dies ist vor allem dann der Fall, wenn die leere oder stille Phase nicht richtig verläuft und vom Beginn der Stufe an nicht richtig geübt wurde. Wir sollten deshalb von der ersten Stufe der stetigen Atembeobachtung an lange genug üben, bis unsere Konzentration sicher und beständig ist. Diese erste Stufe ist für viele Menschen nicht leicht zu üben; aber wenn sie die Übung schließlich beherrschen, erreichen sie Dimensionen, die über alle Erwartungen, sowohl körperlich als auch geistig, hinausgehen. Wir sollten deshalb diese Übung beherrschen lernen und ständig weiter trainieren, bis sie wie eine leichte gymnastische Übung für uns wird. Immer, wenn wir gerade zwei Minuten Zeit haben, sollten wir üben. Wir beginnen jedes Mal mit so starken Atemzügen, dass wir es deutlich hören können. Es ist auch völlig in Ordnung, wenn der Atem pfeift oder schnaubt. Dann verringern wir den Atem, bis er natürlich, ruhig und normal wird.

Für gewöhnlich atmen wir im Alltag keineswegs natürlich und normal, sondern deutlich schwächer und oberflächlicher, weil wir nicht auf unseren Körper achten. Besonders dann, wenn wir sehr beschäftigt sind und uns eine schlechte Körperhaltung angewöhnt haben, ist unsere Atmung flacher, als sie natür- licherweise sein sollte, auch wenn wir das gar nicht bemerken. Deshalb sollten wir anfangs stets mit bewusst starker Atmung beginnen, dann allmählich nachlassen und schließlich bei der natürlichen und ruhigen Atmung verweilen. Auf diese Weise erlangen wir einen normalen und natürlichen Körperzustand, der günstig ist für die Konzentration auf ein geistiges Bild (*Nimitta*) der Anfangsstufe in der Übung der Atem- betrachtung.

In Wirklichkeit ist der Unterschied zwischen der Stufe der „stetigen Atembeobachtung" und der Stufe der „Konzentration auf einen Punkt" gar nicht sehr groß. Wir entspannen uns allmählich immer weiter und unsere Atmung wird ruhiger und feiner. Wir haben dann Phasen der Konzentration, in der sich die Achtsamkeit verringert. Darüber hinaus werden wir es genießen, dass unser Geist nicht mehr ständig umher-schweift.

Wenn wir mit unserer zweiten Stufe, der „Konzen-tration auf einen Punkt" vollständig vertraut sind, dann sollten wir weiter üben und uns einer dritten Stufe zuwenden. In dieser dritten Stufe wird unsere Achtsamkeit feiner und feiner, bis ein Zustand der Versenkung eintritt, der Samadhi genannt wird. Die Versenkungsstufen des Samadhi gehen weit über die ersten beiden Stufen hinaus und berühren das Göttliche und Unvergängliche in uns. Daher sollten diese höheren Stufen der Meditation gesondert und am besten unter der Führung eines erfahrenen Meisters geübt werden.

In dieser Abhandlung über die Atem-Meditation wollen wir uns jedoch auf die „weltlichen" Stufen der Meditation konzentrieren. Auch wenn sich der ein oder andere später für die höheren Sphären des Samadhi interessieren sollte, so kann er auf eine solide Basis bauen, wenn er die beiden unteren Stufen der Atembeobachtung beherrscht. Wir sollten allen Laien die Möglichkeit eröffnen, Wege der Versenkung zu üben, die sowohl nützlich für den Körper, wie auch für den Geist sind. Das sind die hier vorgestellten Übungen der „Stetigen Aufmerksamkeit" und der „Konzentration auf einen Punkt". Auf dem Wege dieser Übungen werden wir zu Menschen, die die drei Faktoren Sila, Samadhi und Panna (*Moral, Konzentration und*

Weisheit) verwirklichen. Schon mit der ersten Stufe der Übung erreichen wir mehr, als wir auf irgendeine andere Weise erreichen könnten. Auch können körperliche und seelische Tiefpunkte mit Hilfe dieser sanften Meditationsübungen erfolgreich überwunden werden.

Wanderung durch den Körper

Eine Entspannungsübung

Wir legen uns in Rückenlage auf eine weiche Decke. Die Arme sind leicht vom Körper entfernt, die Handinnenflächen sollten nach unten zeigen. Die Beine sind etwas auseinander gelegt, die Füße nach außen gerichtet. Wir atmen ein paar Mal tief ein und aus und schließen die Augen, wenn unsere Atmung wieder ruhiger wird.

*   wir atmen ruhig und langsam

*   wir konzentrieren uns auf eine lange Ausatmung

*   wir schließen den Mund und atmen allein durch die Nase

*   unser Atem durchflutet unseren ganzen Köper

*   wir konzentrieren uns auf unsere Beine

*   üben, die Füße loszulassen

* dann die Oberschenkel

* Knie und Oberschenkel sinken tief in die Decke

* die Beine werden unendlich schwer

* wir spüren, wie unser ganzes Körpergewicht in die Decke sinkt

* wir lösen ganz bewusst das Gesäß

* dann den Rücken. Wir stellen uns vor, dass jeder Wirbel in die Decke einsinkt

* unser gesamter Rücken ist locker und entspannt

* wir entspannen die Muskeln von Schultern und Nacken

* wir spüren die Schwere unseres Körpers

* das Gefühl der Schwere überträgt sich auf die Arme und Hände

* wir entspannen unsere Hände

* dann die Unterarme

* und schließlich die Oberarme

* vom Nacken aus wandern wir über den Hinterkopf zur Stirn

* wir lösen die Muskeln des Gesichts

*   unsere Stirn fühlt sich weit und glatt an

*   unsere Augen sinken in die Augenhöhlen zurück

*   unser Mund ist weich und entspannt

*   die Zunge liegt gelöst in der Mundhöhle

*   der Kiefer ist entspannt

*   wir konzentrieren uns auf den Brustkorb und sinken tiefer und tiefer in die Unterlage

*   wir spüren eine innere Gelöstheit und Weite

*   große Ruhe breitet sich im ganzen Körper aus

Zum Abschluss öffnen wir die Augen und kommen zurück ins normale Wachbewusstsein.

Glossar:

A

abhâva – Nicht-Existenz

abhyâsa – Übung, Yoga-Praxis

advaita – Nicht-Zweiheit

ahimsa – Gewaltlosigkeit

akarma – Nicht-handeln, eine Handlung, die keine Reaktion verursacht

âkâsha – Das Alldurchdringende, Äther oder auch der leere Raum

ânanda – Wonne, Freude, Seligkeit

asat – Zeitgebunden, nicht-ewig, die Eigenschaft alles Materiellen

âsana – Sitzhaltung, Körperstellung im Yoga

asmitâ – Ich-Bewusstsein, Ich-Illusion

âtman – Das göttliche Selbst, das allen Dingen und den Menschen innewohnt

avidyâ – Nicht-Wissen, Unwissenheit in Bezug auf existentielle und metaphysische Gegebenheiten

B

baddha – Unerlöst, gefesselt, gebunden

bhagavân – Der Erhabene, einer, der vollkommen selbstverwirklicht ist bhakti – Anbetung, Hingabe

bhakti-yoga – Yoga-Weg der Hingabe an das Göttliche; ohne den Aspekt der Hingabe bleiben Erkenntnis und Handeln seelenlos und leer

brahmâ - Innerhalb der hinduistischen Trinität (*trimûrti = brahma-vishnu-shiva*) vertritt der Gott Brahmâ den Aspekt der Schöpfung. Nicht zu verwechseln mit >brahman.

brahma-sûtra – Aphorismensammlung der Vedânta-Philosophie, auch als Vedânta-sûtra bekannt

brahman – Das All-Eine, Allumfassende, Göttliche; zentraler Begriff des Hinduismus, der den unpersönlichen, gestaltlosen Aspekt des Göttlichen bezeichnet

buddhi – Unterscheidungskraft, Intelligenz

buddhi-yoga – Bezeichnet den „Yoga der unterscheidenden Weisheit"; Selbsterkenntnis wird in dieser Form des Yoga durch wachsendes Unterscheidungsvermögen gewonnen.

C

cit – Reines oder absolutes Bewusstsein, das ohne Verlangen, Leidenschaften und Egoismus ist

citta – Das Wort entspricht in etwa dem, was wir im Deutschen als „Geist" bezeichnen. Es umfasst die geistig-seelischen Funktionen des Menschen.

D

dhârâna – Aufmerksamkeit, Ausrichtung des Geistes auf einen Gegenstand; sechstes der acht Glieder des Yoga-Pfades

dharma – Ewiges Gesetz, kosmische Ordnung; bezeichnet im Buddhismus die Lehre des Buddha

dhyâna – Meditation; das Sanskrit-Wort „Dhyâna" führt in direkter Linie über das chinesische „Chan" zum japanischen Begriff „Zen".

dukkha – Leiden im Sinne der grundlegenden Leidhaftigkeit des Daseins

dvaita – Zweiheit, Dualität

G

gunas – die drei Grundeigenschaften der Natur „sattva-guna", „raja-guna" und „tama-guna"

guru – wörtl. schwer, gewichtig; spiritueller Lehrer

H

hatha-yoga – der Yoga der Atem- und Körperbeherrschung. Hatha-Yoga wird in Europa als Inbegriff des Yoga angesehen, ist in Indien aber nur eine der zahlreichen Yogaformen.

himsâ – Gewalt, Grausamkeit. Gegenbegriff zum bekannteren >ahimsâ = Gewaltlosigkeit

J

jiva – die individuelle Person, das „Ich"

jivan-mukta – lebendig-erlöst; jemand, der zu seinen Lebzeiten die Erleuchtung erlangt hat

jnâna – Wissen, Weisheit, spirituelle Einsicht

jnâna-yoga – Yoga der Erkenntnis; einer der Hauptrichtungen des Yoga. Einsicht in das allumfassende Brahman wird durch unterscheidende Weisheit und meditative Übungen gewonnen.

K

kaivalya – Losgelöstheit, Zustand der vollkommenen Erlösung und Befreiung.

karma – wörtl. Handlung, Tat; wichtiger Begriff im Hinduismus und Buddhismus, der verschiedene Bedeutungen umfasst. Am bekanntesten ist er im Sinne von „Vergeltung begangener Taten", was zu neuen Geburten führt.

karma-yoga – Yoga-Weg des Handelns; der Karma-Yogi bringt sein Tun und die Früchte seines Tuns Gott als Opfer dar.

kriya-yoga – Yoga der heiligen Handlungen; der Kriya-Yoga besteht aus Askese, Studium und Hingabe an Gott.

M

mantra – Gebetsformel; durch das Wiederholen heiliger Silben wird ein besonderer, meditativer Geisteszustand hervorgerufen.

mâyâ – Illusion, Täuschung; im Hinduismus gilt der „Schleier der Mâyâ" als das, was der Erkenntnis der Alleinheit allen Seins im Wege steht. Die wesentlichen Aspekte der Mâyâ, die den Geist vernebeln, sind Vielfältigkeit, Zeitlichkeit und Körperlichkeit.

moksha – Erlösung, Befreiung; im Yoga wird dieser Aspekt >kaivalya genannt.

mukta – befreit, erlöst, ungebunden

muni – ein Weiser

N

nirodha – Anhalten, Stillegen, Zur-Ruhe-kommen

nirvana – wörtl. „Verlöschen", „Verwehen"; Zustand der Befreiung von allen weltlichen Bindungen

niyama – Disziplin, Selbstbeherrschung; zweites der acht Glieder des Yoga-Pfades

O

OM – Urklang, Ursilbe; aus dem heiligen OM, dem lautlichen Ausdruck der Urschwingung, ist das Universum hervorgegangen.

P

paramâtman – das höchste Selbst, die ewige, unvergängliche Seele bzw. der Kern des Menschen

patanjali - Verfasser der Yoga-Sûtren, Lehrer des achtfachen Yoga-Weges (raja-yoga).

prajnâ – Weisheit, Erkenntnis

prakriti – Urnatur, Urmaterie; aus der Prakriti, die von den drei Eigenschaften (>gunas) bestimmt wird, entsteht das phänomenale Universum.

prâna – Atem, Lebenskraft

prânâyâma – Regelung der Atemtätigkeit; viertes der acht Glieder des Yoga-Pfades.

purusha – Mensch, Essenz des Menschen, aber auch „das höchstes Wesen" oder „göttliche Persönlichkeit"; Purusha ist ein wichtiger Begriff der Yoga-Philosophie, er bezeichnet das Unbewegte, Unwandelbare gegenüber der sich stetig wandelnden und bewegten Urnatur (>prakriti).

R

rajas – wörtl. „Staub"; die zweite der drei gunas, die sich als aktives Streben, als Gier, Leidenschaft, Unrast und Wagemut äußert

râja-yoga – Der königliche Yoga ist das in acht Stufen gegliederte Yoga-System, das Patanjali in den Yoga-Sûtren ausgearbeitet hat.

rishi – Seher; vom Göttlichen inspirierter Dichter

S

samâdhi – wörtl. „Verbindung", „Vereinigung"; bezeichnet einen Zustand tiefer, meditativer Versenkung

samkhya - Weg der Erkenntnis durch Einsicht bzw. Reflexion

samsâra – Kreislauf von Geburt und Tod, steht synonym für die Leidenswelt

samyama – wörtl. „Sammlung", „Konzentration", „Selbstbeherrschung"; mit samyama werden die drei letzten Glieder des Yoga-Pfades (dhârâna, dhyâna, samâdhi) bezeichnet, die eng miteinander verwoben sind.

sattva – Reinheit, Klarheit, Ausgeglichenheit; eine der drei Gunas

sukkha – Glück, Freude, Wonne; Gegenbegriff zu dukkha = Leiden

sûtra – wörtl. „Faden"; Werke, die aus kurzen Abschnitten, Leitsätzen, Aphorismen, zusammengefügt sind

T

tamas – Dunkelheit, Trägheit, Unwissenheit; eine der drei Gunas tat – wörtl. „das". „tat" steht synonym für das Unaussprechliche, das letzte Seinsprinzip.

tat-tvam-asi – wörtl. „das bist du"; Wichtiger Lehrsatz der Vedânta-Philosophie, der auf die göttliche Natur eines Menschen hinweist

U

udana – eine Form des Prana, die sich im oberen Teil des Körpers befindet. Durch udana verlässt die Seele beim Tod den Körper.

V

veda, veden – wörtl. „Wissen"; zusammenfassende Bezeichnung für die ältesten Texte der indischen Literatur. Die Veden bestehen aus vier Traditionslinien: 1. Rigveda, der Veda der Verse; 2. Sâmaveda, der Veda der Lieder; 3. Yajurveda, der Veda der Opfersprüche und 4. Atharvaveda, der Veda des Atharvan, der Formeln für die Gesundheit und die Sicherheit der Gesellschaft enthält.

vedânta – wörtl. „Ende der Veden"; die vedânta-sutras des Bâdarâyana bilden die Grundlage der Vedânta-Philosophie, mit denen die religiösen Vorstellungen der Veden überwunden werden.

vijnâna – Erkenntnis, Intelligenz, Einsicht

vikarma – „Sünde"; Handlungen, die den Anweisungen der heiligen Schriften entgegenstehen

Vishnu – wörtl. „der alles Durchdringende"; zweiter
der göttlichen Dreiheit (trimurti) Brahma-Vishnu-Shiva;
Vishnu gilt als Erhalter der Schöpfung.

Y

yama – äußere Disziplin, moralische
Selbstbeherrschung; das erste der acht Yoga-Stufen im
System Patanjalis; in einer anderen Bedeutung ist
Yama der Gott des Todes und Herr der Unterwelt.

yoga – Vereinigung, Kontakt, Verbindung; zu den
klassischen Yoga-Wegen zählen: Hatha-Yoga, Mantra-
Yoga, Kundalini-Yoga, Yantra-Yoga, Bhakti-Yoga,
Dhyâna-Yoga, Samâdhi-Yoga, Kriya-Yoga, Karma-Yoga,
Savikalpa-Samâdhi-Yoga, Laya-Yoga und Jnâna-Yoga.
Daneben sind aber in jüngerer Zeit neue Yoga-Wege,
wie z. B. der „Integrale Yoga" des Lehrers Sri Aurobindo
eingeführt worden.

yogamârga – der Weg des Yoga

yogi – ein Yoga-Übender bzw. einer, der im Yoga
Vollendung erlangt hat

Über den Autor:

Detlef B. Fischer wurde 1952 in Haltern am See geboren. Studium Design und Kunst in Düsseldorf und Münster. Ausübung von Zen-Meditation seit dem Jahr 1976. Im Jahre 1980 erhielt er in Paris die Ordination zum Zen-Lehrer „Sojo Bosatsu" durch den japanischen Zen-Meister Taisen Deshimaru. Nach dem Tod Deshimarus weiteres Studium bei verschiedenen Lehrern sowie Erfahrungen in Yoga-Praxis und Atemkunde. Im Jahr 1995 Gründung des "Zen-Instituts Münster e. V".

Schriftstellerische Tätigkeit seit den 90er Jahren. Bücher von Detlef B. Fischer sind u. a.:

"Neo-Zen /Grundzüge eines westlichen Buddhismus"

"Das Tao der Kunst"

"Die Reise nach Bagdad 1573-1976"

Kleinere Schriften sind:

"Bhagavad-Gita"

"Ashtavakra-Gita"

„Die Yoga-Sutren des Patanjali"

You-Tube Kanal: **Neo-Zen . Detlef B. Fischer**